introduction

Start Writing French is a companion series in two books to
and is compatible with it in both thematic approach and lin
Multiple Choice French gives specific practice in reading com
designed to encourage the pupil to exploit newly-acquired v
through a variety of written exercises grouped into 30 Units in each book. These are graded in difficulty to allow either a systematic treatment of all sections by all pupils, or a choice of exercise suited to the level of the individual pupil. Each Unit, therefore, can be used with mixed-ability or homogeneous groups. Every tenth Unit is a revision exercise.

Clear guidance, through presentation and example, is given to enable pupils to put words and phrases together accurately from their earliest experience of the language, thereby ensuring methodical, regular consolidation of work done and increasing pupil motivation towards further efforts.

Each Unit is divided into four sections:
- A: presentation of vocabulary and structures;
- B: written exercise deriving directly from content of section A;
- C: written exercise on central linguistic point, with the inclusion of material from previous Units;
- D: "open-ended" section designed to promote
  1. different contributions from different pupils,
  2. additional work from more able or quicker pupils,
  3. "background study" to encourage further individual research.

Pupils will find that *Multiple Choice French*, used in conjunction with *Start Writing French*, will provide extra material for section D. Both series are particularly useful as sources of a structured programme of regular homework.

In the early stages, most pupils will find it appropriate to illustrate and colour the work done in their exercise books; this will also help in the necessary consolidation of the linguistic content of each Unit. Pupils should also develop the habit of finding relevant pictures, advertisements, tickets, information, etc. to complement their written work and to add authenticity.

In the classroom, different grouping arrangements will promote full participation by all pupils, each piece of work being seen as a cooperative exercise rather than as a test of the individual. Oral work, directed by the teacher, will provide a regular opportunity for the whole teaching group to work together.

An essential feature of *Start Writing French* should be the deliberate transfer of lesson content to pupil's experience—each pupil being invited, whenever possible, to contribute relevant personal information to the lesson.

This material has been devised specifically to encourage individual achievement at all levels. It has been developed after several years experience with both mixed-ability and homogeneous teaching groups, and has been widely tested. Extensive discussion with teachers and modern language advisers throughout the United Kingdom has contributed much to its final form.

 Combien?

A

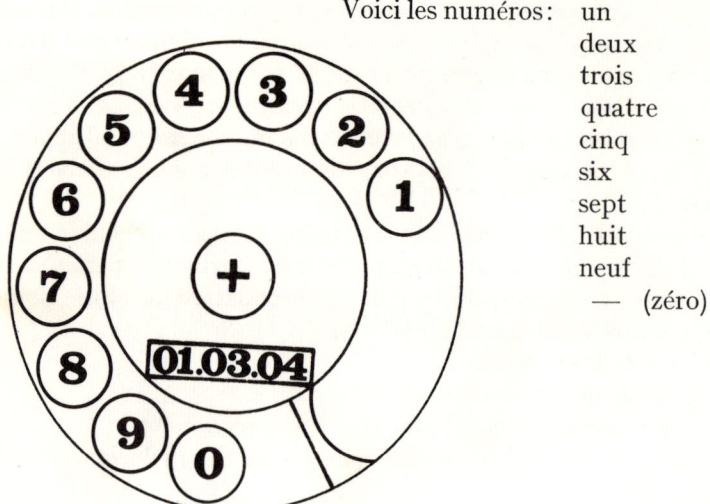

Voici les numéros: un
deux
trois
quatre
cinq
six
sept
huit
neuf
— (zéro)

Le numéro de téléphone: zéro un, zéro trois, zéro quatre.

B

Combien? .... deux

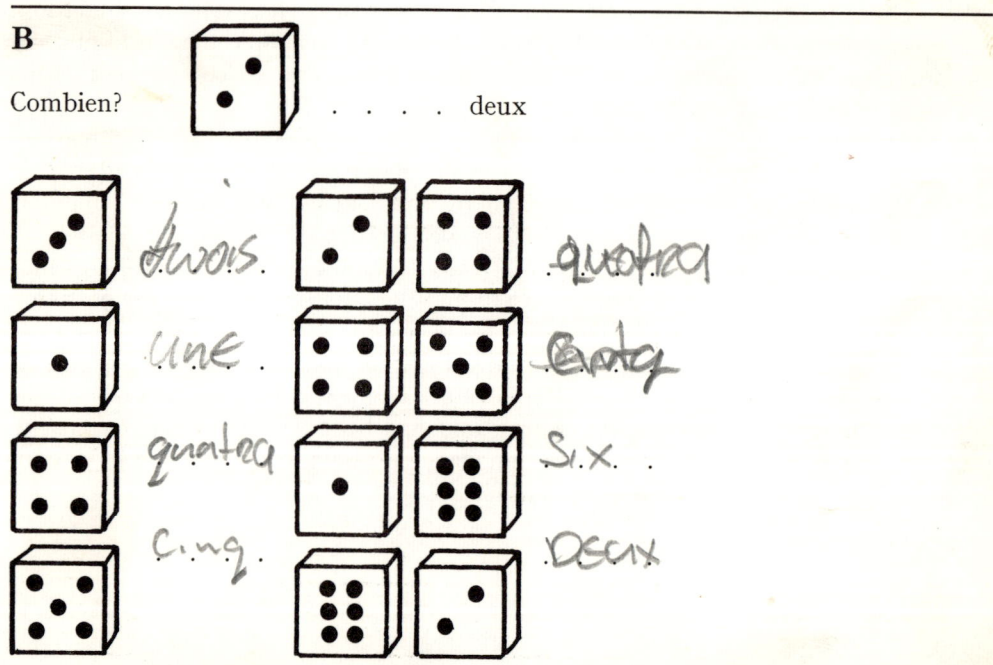

trois. quatre
une. cinq
quatre six
cinq deux

C

dix
onze
douze
treize
quatorze
quinze
seize
dix-sept
dix-huit
dix-neuf
vingt
vingt et un
vingt-deux

C'est quel numéro?   10 . . dix

14 quatea   17 dix sept
18 dix huit   22 vingt deux
11 onze   15 quinze
19 dixneuf   13 treize
21 vingt et un 20 vingt

D

1. Complétez:

   un, deux, trois, quatea
   cinq, six, sept, neuf
   dix, onze, douze, treze
   deux, quatre, six, huit
   quatorze, seize, dix-huit, vingt
   cinq, dix, quinze, vingt

   dix sept — 17
   quatea — 4

2. Make a picture-list of numbers that are important to you.

   For example:
   your age:  douze.

   your lucky number:  neuf.

3. Find out what the following numbers are and list them in correct order: quarante, soixante, cent, trente, quatre-vingts, cinquante, soixante-dix, quatre-vingt-dix.

 2   Qu'est-ce que c'est?

A

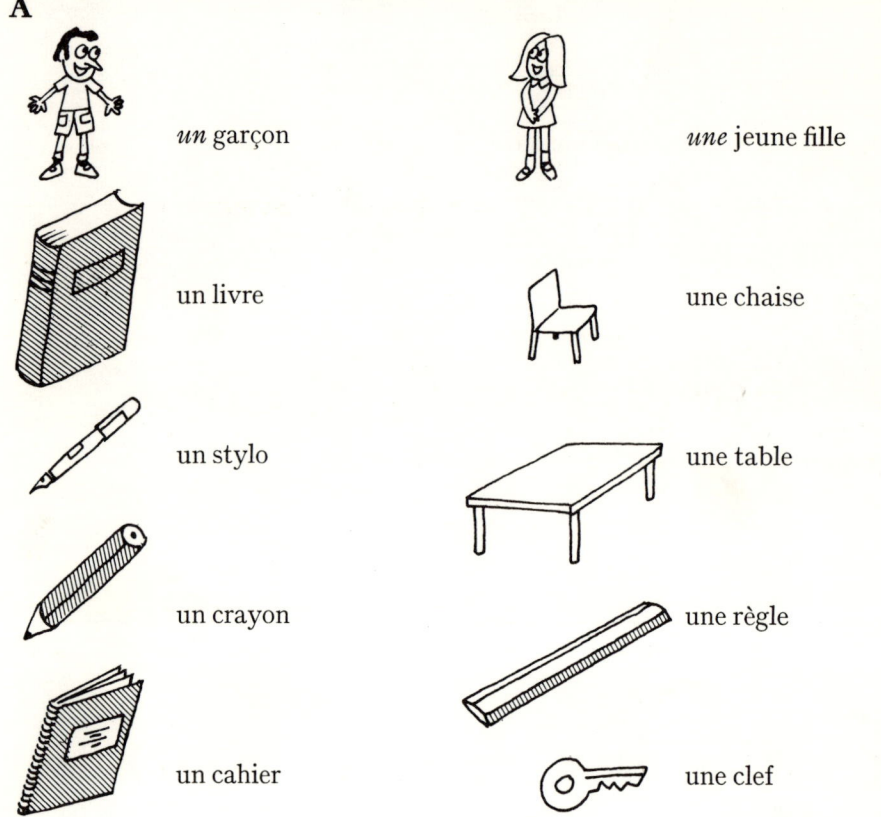

B

Unscramble:

bleat   sloty
flec   legèr
liver   cheasi
croany   çronga
nujee lifle   cheari

C un, une

Qu'est ce que c'est?

1. 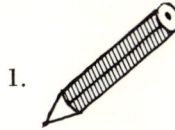 C'est un crayon   5.  C'est une table.

2. 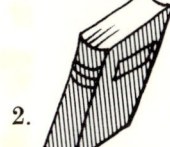 un livre   6.  Jean fille

3.  un stilow   7.  une claise

4.  un garson   8. une clep

D

Make your own picture-list of these objects in the order of their real size, starting with the smallest:

1. une clef.

2.

3.
etc.

unit 3   La salle de classe

A

1. un projecteur
2. un magnétophone
3. un transistor
4. un placard
5. un cartable
6. un tableau
7. un professeur
8. un élève

9. une élève
10. une dame
11. une porte
12. une fenêtre

B

Voici un transistor.

Voici un . . . .

Voici . . . .

. . . .

. . . .

C C'est . . . . Ce sont . . . .

Qu'est-ce que c'est?

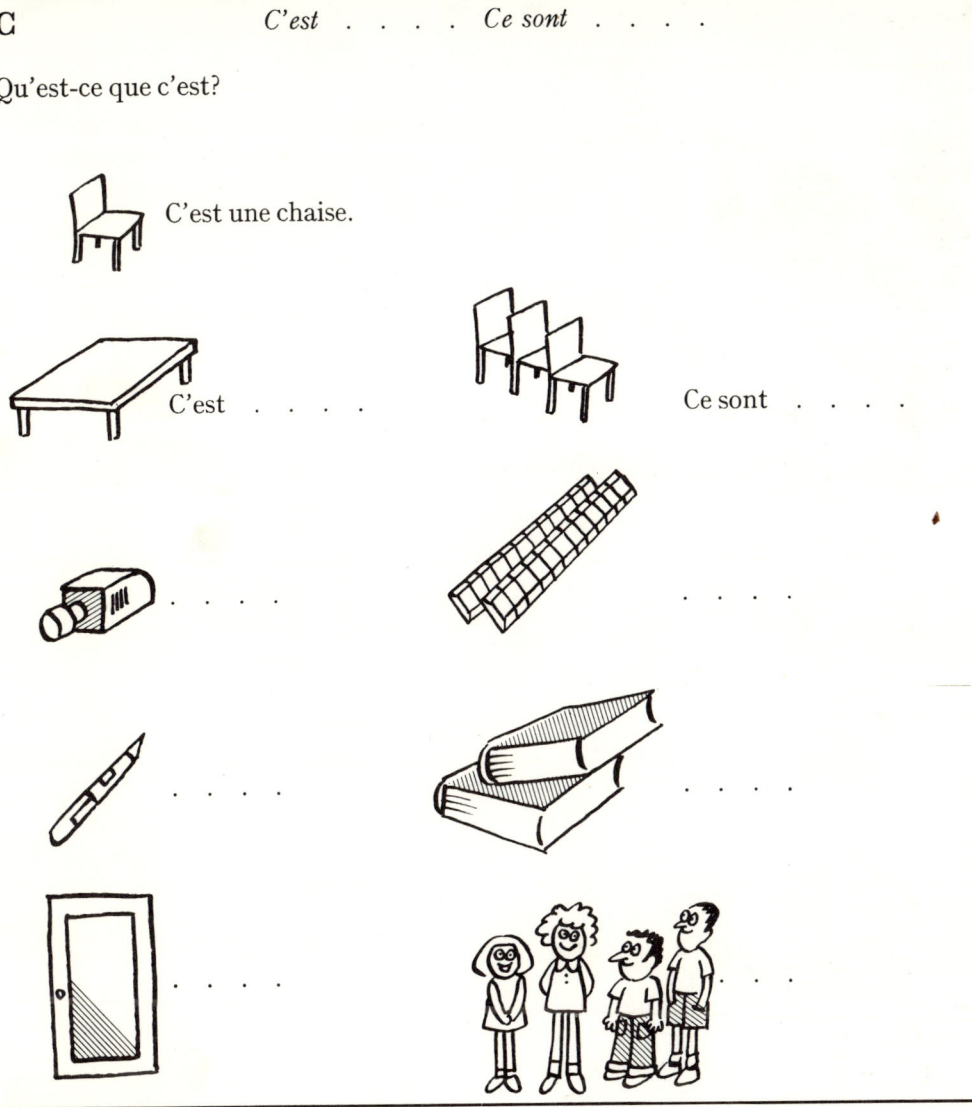

C'est une chaise.

C'est . . . .   Ce sont . . . .

D

1. List the items you can count in the picture in section A.
   For example: quatre cartables.

2. List the items you can count in your own classroom.

unit 4   Où est...?

A

 La jeune fille est *sur* la chaise.

 Le garçon est *sous* la table.

 Les élèves sont *dans* le placard

B

Complétez :

1.    Le livre est . . . . la chaise.

2.    Le livre est . . . . le cartable.

3.    Le transistor est . . . . la table.

4.    Les élèves sont . . . . la salle de classe.

5.   Les chaises sont . . . . les tables.

6. 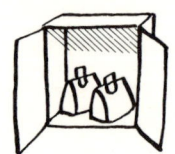   Les cartables sont . . . . le placard.

C *le, la, les*

Où est . . .   Où sont . . .

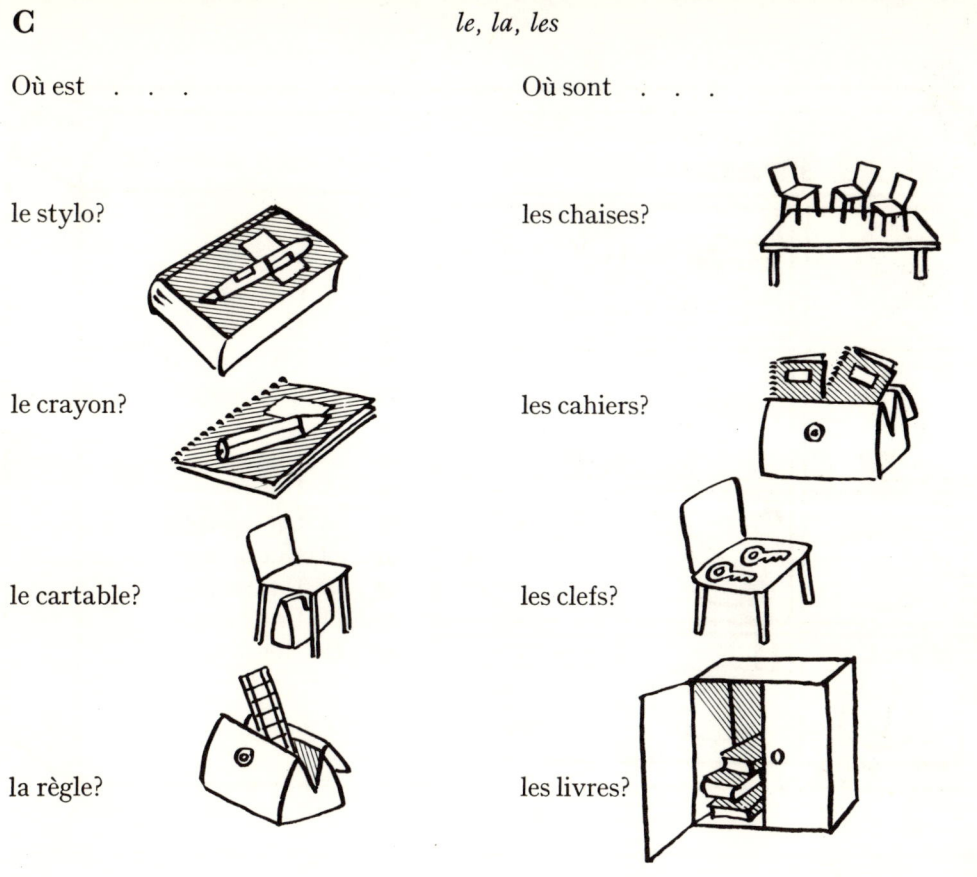

le stylo?   les chaises?

le crayon?   les cahiers?

le cartable?   les clefs?

la règle?   les livres?

D

1. Describe what you can in your own classroom, using sentences like those in section B.

2. Describe what you can at home.

Unit 5 — La nourriture 1

A

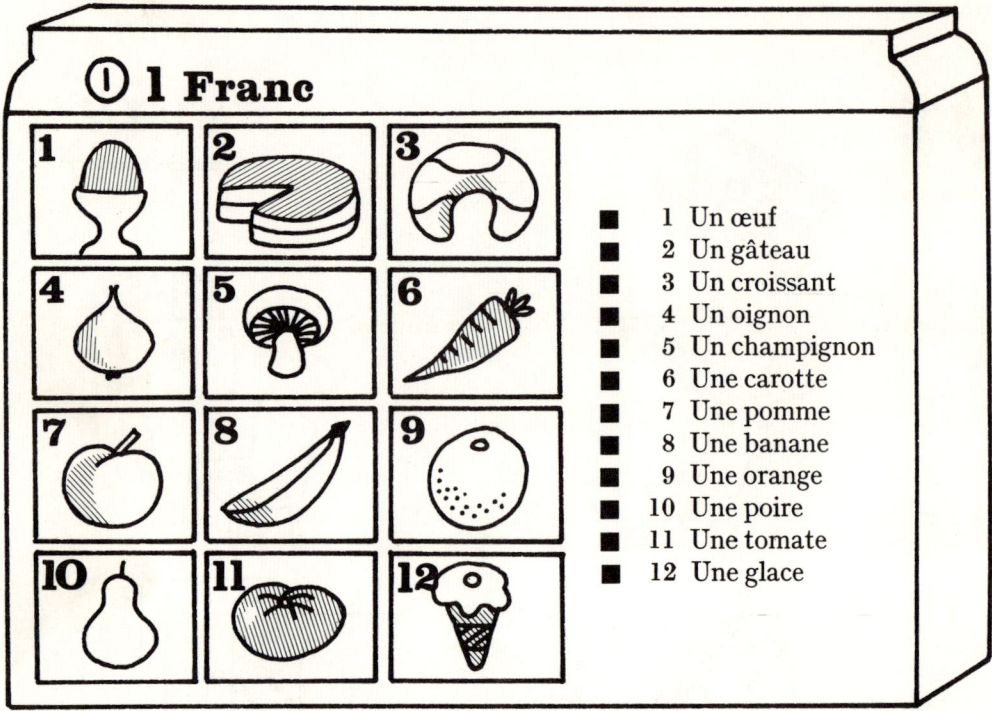

- 1 Un œuf
- 2 Un gâteau
- 3 Un croissant
- 4 Un oignon
- 5 Un champignon
- 6 Une carotte
- 7 Une pomme
- 8 Une banane
- 9 Une orange
- 10 Une poire
- 11 Une tomate
- 12 Une glace

B

1. Voici les fruits :   Voici les légumes :

   a) . . . .   a) . . . .
   b) . . . .   b) . . . .
   c) . . . .   c) . . . .
   d) . . . .
   e) . . . .

2. Complétez :

   une tom . . . .   une . . . . ane
   un champ . . . .   une . . . . ange
   une poir . . . .   une . . . . omme
   une car . . . .   un . . . . ssant
   un gât . . . .   un . . . . uf

C   *des*

Des fruits et des légumes.

Voici des oignons

Voici des . . .

Voici . . . . .

. . . .

. . . .

. . . .

D

1. a) Voici une salade de fruits; dans la salade il y a: trois oranges, ..., etc.

   b) Voici une soupe; dans la soupe il y a: deux . . . ., etc.

2. Make a picture-list of foods you like, starting with your favourite.

Unit 6 — La nourriture 2

A

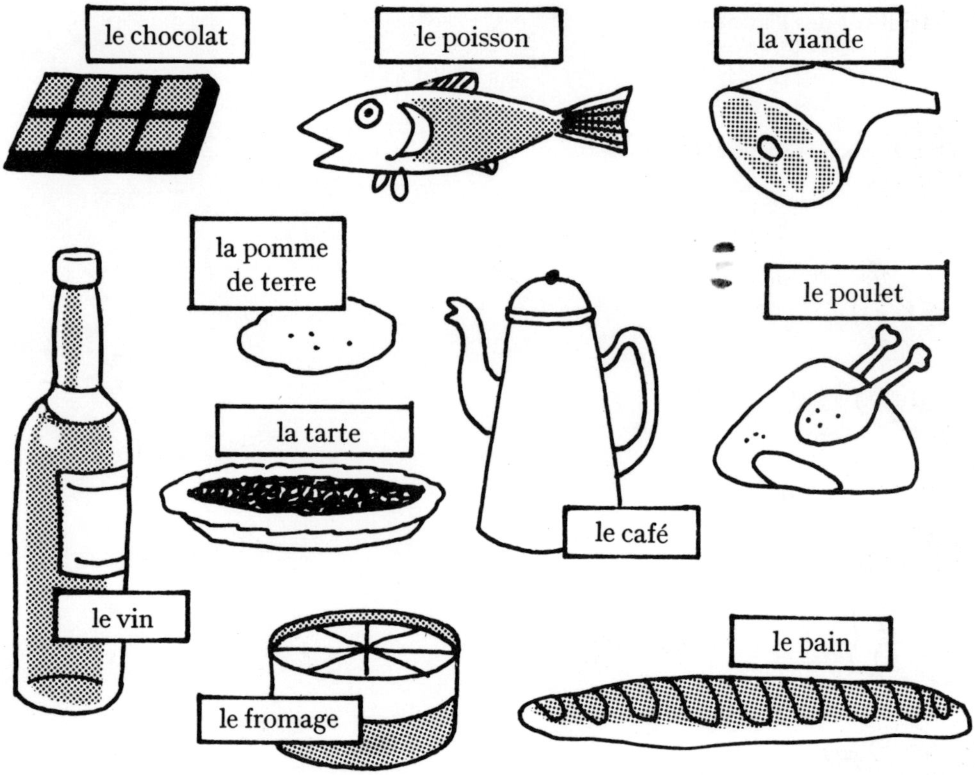

- le chocolat
- le poisson
- la viande
- la pomme de terre
- le poulet
- le vin
- la tarte
- le café
- le fromage
- le pain

B

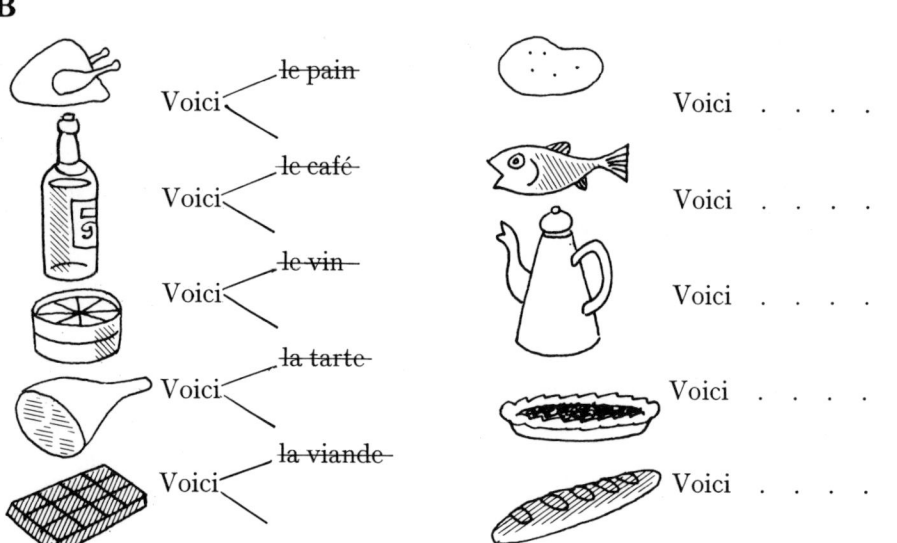

Voici — le pain
Voici — le café
Voici — le vin
Voici — la tarte
Voici — la viande

Voici . . . .
Voici . . . .
Voici . . . .
Voici . . . .
Voici . . . .

C
du, de la, des

Voici *du* vin.

Voici *de la* tarte.

Voici *des* pommes de terre.

Qu'est-ce que c'est?

C'est du . . . .   C'est de la . . . .   Ce sont des . . . .

C'est . . . .   C'est . . . .   Ce sont . . . .

. . . .

. . . .

. . . .

D

1. a) What do you eat most often?
   b) What do you never eat?
   c) What do you eat every day?
   d) What do you think is good for you?
   e) What do you think is not good for you?

2. Make up a complete dinner of your own choice.

3. Make a shopping-list for your family weekend shopping.

 De quelle couleur...? 1

A

 Voici du café ; il est noir.

 Voici un citron ; il est jaune.

 Voici du vin ; il est rouge.

 Voici une tomate ; elle est rouge.

 Voici du pain ; il est blanc.

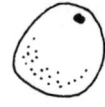 Voici une orange ; elle est orange.

 Voici du chocolat ; il est brun.

 Voici une banane ; elle est jaune.

B

De quelle couleur est le café? Il est noir.

1. De quelle couleur est le chocolat?
2. De quelle couleur est le citron?
3. De quelle couleur est la tomate?
4. De quelle couleur est l'orange?
5. De quelle couleur est la banane?
6. De quelle couleur est la carotte?

C
vert, verte

Le légume est vert. La poire est verte.

1. Le chocolat est . . . . (bleu, brun, noir).
2. La carotte est . . . . (bleue, orange, verte).
3. La pomme est . . . . (brune, noire, verte).
4. L'oignon est . . . . (orange, noir, blanc).
5. La viande est . . . . (blanche, rouge, noire).
6. La pomme de terre est . . . . (brune, rouge, bleue).
7. Le citron est . . . . (bleu, jaune, noir).

D

1. Using these colours, describe what you can in your classroom or a room at home.

2. Using your favourite colour, make a coloured picture-list of different objects.

   For example:

    Voici un téléphone; il est rouge.

De quelle couleur...? 2

A

 Voici un arbre; il est vert.

 Voici des arbres; ils sont verts.

 Voici une plante; elle est verte.

 Voici des plantes; elles sont vertes.

 Voici du chocolat; il est brun.

 Voici de la viande; elle est rouge.

 Voici des poires; elles sont vertes.

 Voici des oignons; ils sont blancs.

B

1. Le café est . . . . (noir, noire).
2. La pomme est . . . . (vert, verte).
3. Le pain est . . . . (blanc, blanche).
4. Les chocolats sont . . . . (bruns, brunes).
5. Les plantes sont . . . . (verts, vertes).
6. Les stylos sont . . . . (noirs, noires).

C *vert, verts, verte, vertes*

1. De quelle couleur est l'arbre?
2. De quelle couleur est la carotte?
3. De quelle couleur est le citron?

4. De quelle couleur sont les arbres?
5. De quelle couleur sont les plantes?
6. De quelle couleur sont les pommes?
7. De quelle couleur sont les tomates?

D

1. Nommez:

    un fruit vert.
    un fruit jaune.
    un fruit rouge.
    un légume vert.
    des fruits jaunes.
    des fruits verts.
    des légumes verts.

2. Try to find out what other fruits grow in France.

Les vêtements

A

Voici un monsieur ; c'est un clown.

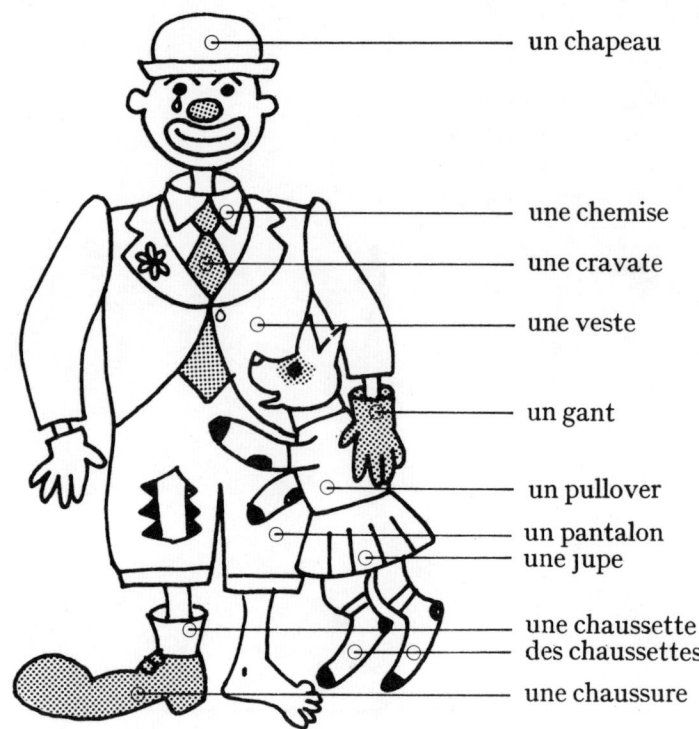

B

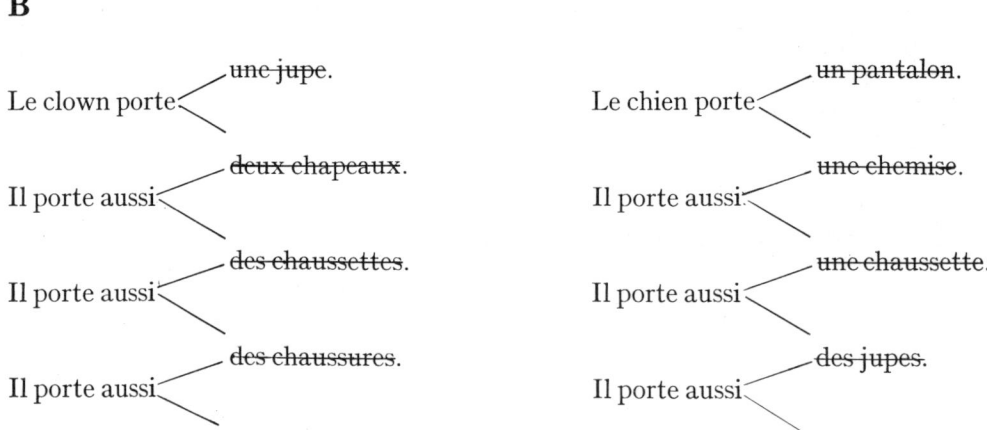

C

noir, noirs, noire, noires

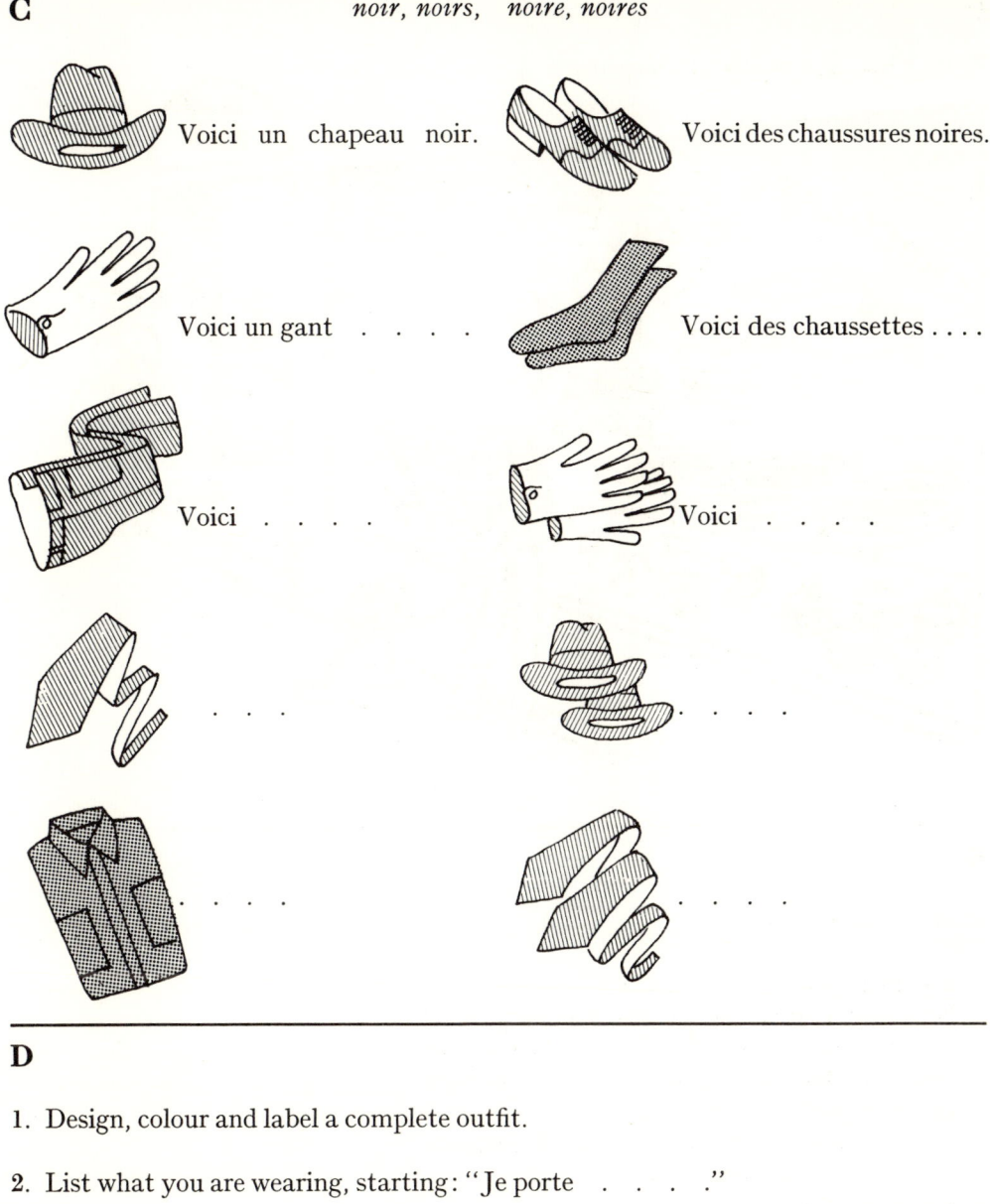

Voici un chapeau noir.

Voici des chaussures noires.

Voici un gant . . . .

Voici des chaussettes . . . .

Voici . . . .

Voici . . . .

. . . .

. . . .

. . . .

. . . .

D

1. Design, colour and label a complete outfit.

2. List what you are wearing, starting: "Je porte . . . ."

3. Describe how someone else is dressed.

unit 10 Révision

A

Write what you can about this picture.

B

Find the odd man out.

1. le pain, le poulet, l'œuf, la glace, la veste.
2. la banane, l'orange, le poisson, la pomme, le citron.
3. le livre, le crayon, le cartable, le stylo, la carotte.
4. l'élève, le chien, le professeur, le clown, la dame.
5. rouge, le pantalon, vert, noir, blanc.
6. la clef, la veste, le chapeau, la jupe, la chemise.
7. trois, cinq, rouge, neuf, onze.
8. sur, brun, dans, sous.

C

Rewrite:

1. Dans le [gâteau] il y a du [chocolat]
2. La [pomme] est sur la [table]
3. Les [oignons] sont sur le [poisson]
4. Voici deux [tomates] sur le [placard]
5. Le [citron] est jaune.
6. Le [pain] est blanc.
7. Les [bananes] sont jaunes.
8. Les [poissons] sont rouges.
9. Le [chien] porte une [jupe]
10. Le [garçon] porte des [chaussettes] vertes.

D

1. Match these phrases to make up the sentences that you think make the most sense. Illustrate your sentences.

   Les oignons
   Les vêtements
   Les chaises
   Les tomates   } sont {
   Les jeunes filles
   Le citron et la banane
   Les cahiers et les livres

   jaunes.
   dans le cartable.
   rouges.
   dans le placard.
   sous les tables.
   dans la salle de classe.
   dans la soupe.

2.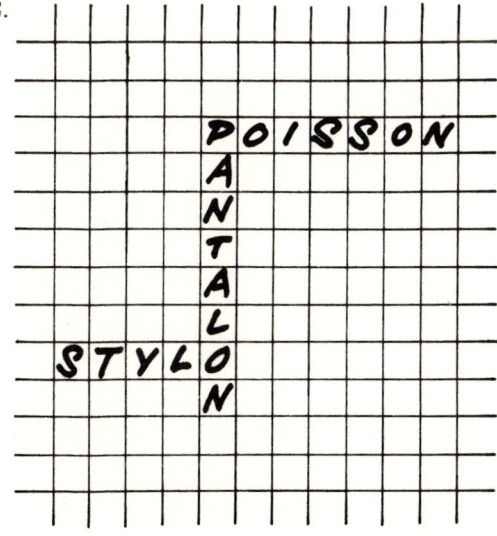

   Build on this crossword by adding as many words as you can. Score 1 point for each letter you use.

UNIT 11   L'heure

A

Quelle heure est-il?

 1. Il est deux heures.

 2. Il est trois heures cinq.

 3. Il est une heure et quart.

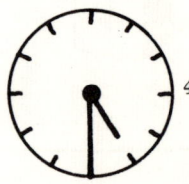 4. Il est cinq heures et demie.

 5. Il est sept heures moins vingt.

 6. Il est huit heures moins le quart.

 7. Il est neuf heures moins dix.

 8. Il est midi.
9. Il est minuit.

B

Complétez :

1. Il est quatre heures :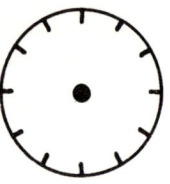

2. Il est dix heures :
3. Il est une heure dix :
4. Il est huit heures et quart :
5. Il est onze heures vingt :
6. Il est une heure moins le quart ;
7. Il est six heures et demie :

C

Complétez :

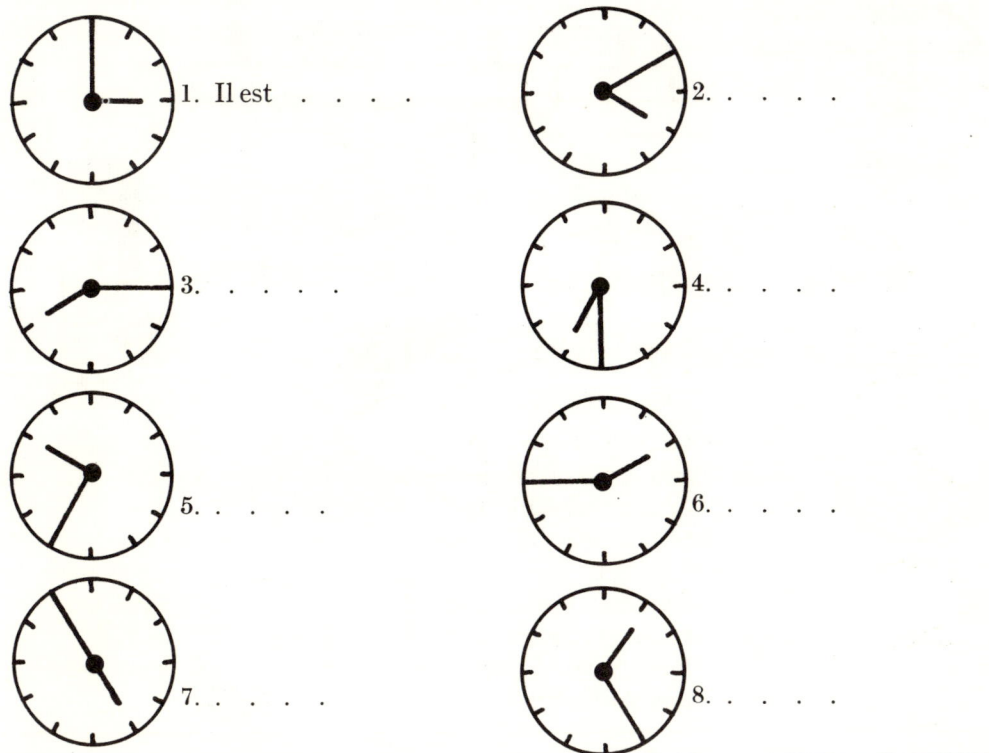

1. Il est . . . .
2. . . . . .
3. . . . . .
4. . . . . .
5. . . . . .
6. . . . . .
7. . . . . .
8. . . . . .

D

1. Describe your weekday routine as far as you can.

For example :

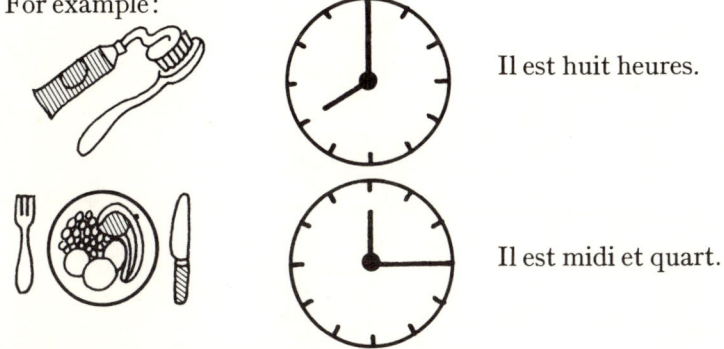

Il est huit heures.

Il est midi et quart.

2. Do the same for Saturdays.

Unit 12 — A la maison 1

A

La télévision est sur la table.
Le téléphone est sur l'escalier.
Le chat est sur le lit.
Sous le lit il y a un réveil.
Sous la fenêtre il y a une plante.
Sous la lampe il y a une fleur.
Papa est dans un fauteuil.
Il est devant le feu.
Il regarde un journal.

B

Complétez :

   1. Le chat est . . . .

   2. . . . .

   3. . . . .

   4. . . . .

   5. . . . .

   6. . . . .

C   *ne* . . . *pas*

Use *ne* . . . *pas* or *n'* . . . *pas* to change the meaning of the following sentences.

For example:

Les chats sont sur la chaise.
Les chats *ne* sont *pas* sur la chaise.

 1. Les poissons sont sur la chaise.

 2. Les fruits sont sur l'escalier.

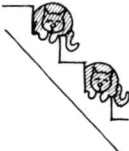 3. Les chats sont dans le fauteuil.

 4. Papa est devant la fenêtre.

 5. Le téléphone est sous le lit.

 6. Le chat est dans le feu.

D

1. Now, without using *ne* . . . *pas*, rewrite the sentences in section C so that they describe the pictures correctly.

    For example: 1. Les poissons sont sur la table.

2. Using section A as a guide, describe a room at home.

unit 13 A la maison 2

A

Il est cinq heures et maman arrive à la maison. Elle porte des fleurs et du pain. Papa fait du café. Maman dit: "Bonjour. Voici du pain." Papa dit: "Merci; il y a aussi du café et des croissants."

B

Using the above text as a guide, describe this picture.

C   *ne . . . . pas*

Complete each pair of sentences to describe the following pictures.

For example:

Le garçon est sur la chaise.
Il n'est pas sur la table.

1. Le garçon est sur . . .
   Il n'est pas . . . .

2. La jeune fille est . . .
   Elle n'est pas . .

3. Les croissants sont . . .
   Ils ne sont pas . .

4. Les chemises sont . . .
   Elles ne sont pas . .

5. Les fleurs . . . .
   Elles . . . .

6. . . . .

D

1. Can you write any more about the picture in section A? What are the people wearing, for example, and what is the cat doing?

2. What are: la salle à manger,
   la salle de bain,
   la salle de séjour,
   la cuisine,
   les W. C.?

Les animaux

A

1. Voici un chat noir.
2. Voici un cheval; il est noir.
3. Voici un lapin; il est blanc.
4. Voici un oiseau; il est petit.
5. Voici deux oiseaux; ils sont petits.
6. Voici un éléphant; il n'est pas petit, il est énorme.
7. Voici un serpent; il a une grande queue.
8. Voici une tortue; elle a une petite tête.

B

Quel animal est noir? Le chat est noir.

1. Quel animal est blanc?
2. Quel animal est petit?
3. Quel animal est énorme?
4. Quel animal a une grande queue?
5. Quel animal a une petite tête?

C

Write what you can about the following pictures.

For example:

Voici un escargot; il est noir.
Il est sur la plante.

D

1. Make up pairs of contrasting sentences.

    For example: Un éléphant est grand. Un oiseau est petit.

2. Can you name any other animals in French? Find out what *une chèvre* is, for example.

unit 15 Que fait...? 1

A

1. Voici un monsieur; il marche.

2. Voici une jeune fille; elle entre.

3. Voici une dame; elle parle.

4. Papa chante; maman écoute.

5. L'animal mange; le garçon regarde.

6. Le professeur écoute; les élèves écoutent aussi.

7. Les oiseaux chantent, mais la tortue ne chante pas.

B

1. Que fait le monsieur?
2. Que fait papa?
3. Qui mange?
4. Qui ne chante pas?
5. Que font les oiseaux?
6. Que font les élèves?

C

mange, mangent

 1. Voici un monsieur ; il mange.    2. Voici une jeune fille ; elle . . .    3. Voici un garçon ; . . . .

 4. Voici . . .   5. . . .    6. Voici . . .

 7. Voici des chiens ; ils mangent.    8. Voici des élèves ; ils . . .    9. Voici des messieurs ;

 10 Voici . . .    11. . . .

D

1. Write out the sentences that describe the animals correctly.
   Then decide how you would change the others.

   a) L'escargot chante.
   b) Les oiseaux chantent.
   c) L'éléphant mange les animaux.
   d) Les lapins parlent.
   e) Le cheval parle.
   f) Les oiseaux mangent les escargots.
   g) Les serpents mangent les oignons.
   h) Les poissons mangent les fruits.

2. Re-arrange these phrases to make correct sentences.

   For example: La jeune fille / chante / mais / les tortues / ne chantent pas.

   a) L'oiseau / mais / chante / ne chantent pas / les tortues.
   b) les animaux / parle / mais / ne parlent pas / Le garçon.
   c) ne parlent pas / Le professeur / les élèves / parle / mais.
   d) mais / marche / L'éléphant / ne marchent pas / les poissons.
   e) arrive / les jeunes filles / n'arrivent pas / Le professeur / mais.

unit 16   Que fait...?   2

A

Les enfants arrivent. La jeune fille court et le grand garçon nage. Le petit garçon demande du pain. Maman coupe le pain et papa boit du jus de fruit. Les oiseaux chantent et ils regardent la nourriture. Maman donne du pain et des fruits. La famille mange beaucoup.

B

1. Que fait maman?
2. Que fait papa?
3. Qui court?
4. Qui nage?
5. Que fait le petit garçon?
6. Que font les oiseaux?
7. Que fait la famille?

C
demande, demandent

Divide each of these texts into complete sentences, using full stops only.

1. Il est midi et la famille est à table les enfants mangent mais papa ne mange pas il boit maman coupe la viande la famille mange du pain avec de la viande et des légumes il y a aussi des fruits sur la table la jeune fille demande une orange mais les garçons demandent des pommes.

2. Il est huit heures et les enfants arrivent devant l'école les professeurs regardent les enfants de la fenêtre les enfants attendent à la porte de l'école à huit heures et demie ils entrent dans les salles de classe ils ne courent pas.

D

1. Add to the description of the picture in section A, if you can.

2. Rewrite either text in section C, changing as many details as you can.

unit 17 Les magasins 1

A

1. La boucherie.
2. La boulangerie-pâtisserie.
3. L'épicerie.
4. Le café-restaurant.
5. La pharmacie.
6. La librairie.
7. La poste.
8. La banque. (Banque Nationale de Paris)
9. Le garage.
10. Le supermarché.

B

Complétez :

> Vous achetez de la viande à la boucherie.

1. Vous achetez des livres . . . .
2. Vous achetez des croissants . . . .
3. Vous trouvez des médicaments . . .
4. Vous trouvez des escargots . . . .
5. Vous demandez de l'argent . . . .
6. Vous demandez des timbres . . . .

> Vous mangez du poulet au café-restaurant.

7. Vous achetez toute la nourriture . . . .
8. Vous demandez de l'essence . . . .

C *regardez*

Complétez :

1. Papa et maman mangent à la maison mais vous . . . . à l'école.
2. Maman achète de la nourriture mais vous . . . . des vêtements.
3. Les enfants regardent la télévision mais vous . . . le chat.
4. La jeune fille écoute la radio mais vous . . . . le magnétophone.
5. Vous mangez les pommes rouges mais vous ne . . . . pas les pommes vertes.

6. Vous coupez le pain mais papa . . . . la viande.
7. Vous demandez de l'argent mais l'enfant . . . . une glace.
8. Vous demandez du chocolat mais les messieurs . . . . du vin.
9. Vous parlez mais les poissons ne . . . . pas.

D

1. Design a shop sign like those in section A.

2. What other items can you name that can be bought at any of these places?

3. Make up more sentences like those in section C, if you can.

Les magasins 2

A

1. Vous demandez des livres à la librairie mais, moi, je demande des livres à la bibliothèque.
2. Sylvie regarde les vêtements dans un grand magasin mais, moi, je regarde les vêtements dans une boutique.
3. Gaston achète des légumes au supermarché mais, moi, j'achète des légumes au marché.
4. Nous regardons les films à la télévision mais, moi, je regarde les films au cinéma aussi.
5. Les enfants écoutent la musique à la radio mais, moi, j'écoute la musique au théâtre.

B

Répondez :

    For example :   Où trouvez-vous de la viande?
                        Je trouve de la viande à la boucherie.

1. Où regardez-vous des vêtements?
2. Où regardez-vous des films?
3. Où écoutez-vous la musique?
4. Où achetez-vous des légumes?
5. Où demandez-vous des croissants?
6. Où demandez-vous le menu?
7. Où regardez-vous des voitures?
8. Où achetez-vous des timbres?

C
Je parle, nous parlons

Complétez :

1. Papa dit : "Moi, je . . . . les fruits." (coupez, coupent, coupe)
2. La jeune fille dit : "Moi, je . . . . la banane." (mange, mangez, mangent)
3. Maman dit : "Vous . . . tout !" (mange, mangez, mangent)
4. Elle dit aussi : "Papa ne . . . . pas." (mangent, mange, mangez)
5. Les enfants . . . . devant le cinéma. (passez, passent, passe)
6. Le garçon . . . quatre gâteaux. (demande, demandez, demandent)
7. Les enfants . . . . la radio au lit. (écoutez, écoutent, écoute)
8. Vous . . . avec le professeur. (parle, parlent, parlez)
9. Les chiens ne . . . . pas. (chantent, chantez, chante)
10. Le monsieur et la dame . . . . le théâtre. (regarde, regardent, regardez)
11. Nous . . . les livres dans un cartable. (portez, porte, portons)
12. Nous . . . . dans la rue. (marchons, marchent, marche)

D

1. Write what you can about any of the following pictures.

2. Answer any of the questions in section B, starting : Nous . . . .

Unit 19 — Dans la rue

A

1. Voici un agent de police. Il porte un uniforme et il est en motocyclette. Il attend devant le feu rouge. Il y a un taxi qui attend aussi.

2. Dans la rue il y a un camion, un autobus et une bicyclette qui passent devant les gens. Les gens sont sur le trottoir et ils attendent.

B

Répondez:

1. a) Qui porte un uniforme?
   b) Est-ce que l'agent est en taxi?
   c) Est-ce qu'il passe?
   d) Le feu est vert?
   e) Que fait le taxi?

2. a) Où est le camion?
   b) Combien de bicyclettes y a-t-il?
   c) Est-ce que les gens sont dans le camion?
   d) Que font les gens?
   e) Qu'est-ce qu'ils attendent?

C

Change these sentences so that they describe the pictures in section A correctly.

1. a) Voici un professeur devant le feu rouge.
   b) Le professeur porte une jupe.
   c) Il est en voiture.
   d) Il passe.
   e) Il y a un cheval qui attend aussi.

2. a) Il y a deux camions dans la rue.
   b) Il y a aussi un taxi.
   c) Le camion et l'autobus attendent devant les animaux.
   d) Les gens sont dans la rue.
   e) Ils chantent.

D

1. Can you add to the description of either picture in section A?

2. Draw a street scene that you can describe by making up sentences like those in sections A and C.

3. Find a picture of traffic in France and describe any differences from your country that you notice.

unit 20 Révision

The answers to this series of questions will make up a complete text. See if you can find the correct answers and write out the story.

1. Quelle heure est-il?   Il est onze heures.
   Il est onze heures et demie.
   Il est six heures.
   Il est midi.

2. Qu'est-ce qu'il n'y a pas à la maison?   Il n'y a pas de livres à la maison.
   Il n'y a pas de gens à la maison.
   Il n'y a pas de nourriture à la maison.
   Il n'y a pas de fenêtres à la maison.

3. Qu'est-ce que les enfants demandent?   Les enfants demandent de la viande
   Les enfants demandent des fruits
   Les enfants demandent de l'argent
   Les enfants demandent du poulet

4. et papa?   et papa demande du poulet.
   et papa demande des escargots et du vin.
   et papa demande du gâteau.
   et papa demande des œufs.

5. Combien est-ce que maman donne au grand garçon?   Maman donne cinq francs au grand garçon,
   Maman donne cinquante francs au grand garçon,
   Maman donne quinze francs au grand garçon,
   Maman donne soixante francs au grand garçon,

6. et où est-ce qu'il court?   et il court à l'école.
   et il court à la banque.
   et il court à la pharmacie.
   et il court au marché.

7. Qu'est-ce qu'il y a au marché?   Il y a des chevaux au marché
   Il n'y a pas de gens au marché
   Il y a beaucoup de gens au marché
   Il y a beaucoup d'animaux au marché

8. mais qu'est-ce qu'il achète?   mais il achète du chocolat,
   mais il achète des citrons,
   mais il achète des fruits,
   mais il achète tout,

9. et qu'est-ce qu'il fait?   et il arrive à l'école
   et il mange tout
   et il arrive à la maison
   et il regarde les escargots

10. à quelle heure?   à neuf heures.
    à une heure.
    à une heure moins le quart.
    à neuf heures moins le quart.

Complete each of these phrases in as many ways as you can. An example is given in brackets with each phrase.

1. La chaussette est . . . . (petite).
2. Les fleurs sont . . . . (bleues).
3. A la maison, il y a . . . . (de la nourriture).
4. Maman est . . . . (à la maison).
5. Sylvie boit . . . . (du jus d'orange).
6. Les élèves arrivent . . . . (à huit heures).
7. Les oiseaux . . . . (chantent).
8. Papa dit: . . . . ("Mangez des légumes!")
9. A six heures . . . . (vous mangez des croissants).
10. Dans les magasins . . . . (nous regardons les gens).

---

1. Change the meaning of any five of your sentences by adding *ne* . . . . *pas*.

2. Build on this crossword by adding as many words as you can. Score 1 point for each letter you use.

```
            M
        S E R P E N T
            D
            I
            C
        E S C A R G O T
            M
            E
            N
            T
```

unit 21 — Les métiers 1

A

1. Voici un professeur.

2. Voici un agent de police.

3. Le boulanger fait le pain.

4. Le boucher coupe la viande.

5. Le garagiste répare les voitures.

6. Vous donnez de l'argent au chauffeur de taxi.

B

Répondez:

1. Qui fait le pain?
2. Qui coupe la viande?
3. Que fait le garagiste?
4. Qui porte un uniforme?
5. Qui travaille dans une école?
6. Qui demande de l'argent?

C *Que fait-il? Que font-ils?*

Correct these sentences by changing the words in italic.

1. Le boucher coupe *l'argent*.
2. Le professeur parle dans *le magasin*.
3. *Le garagiste* fait le pain.
4. Le boulanger *répare* le pain.
5. L'agent de police *donne* un uniforme.
6. Les bouchers *donnent* la viande.
7. Les agents de police *chantent* dans la rue.
8. Les professeurs *courent* dans l'école.
9. Les garagistes *portent* les voitures.
10. Les boulangers *achètent* du pain.

D

1. Make up more sentences to describe what else these people do.

2. Complétez:

	Papa	mange	le pain.
a)	Le garçon	écoute	. . . .
b)	Maman	regarde	. . . .
c)	. . . .	porte	une jupe.
d)	. . . .	apporte	des couteaux.
e)	La jeune fille	. . . .	le fruit.
f)	Les enfants	regardent	. . . .
g)	Les dames	. . . .	les voitures.
h)	Les oiseaux	. . . .	des escargots.
i)	Les agents de police	. . . .	le camion.
j)	Le monsieur et la dame	. . . .	dans le taxi.

unit 22   Les métiers   2

A

1. Le dentiste regarde les dents.
2. Le coiffeur coupe les cheveux.
3. Le médecin travaille à l'hôpital.
4. M. le Maire travaille à la Mairie.
5. Le garçon de café apporte les croissants.
6. C'est le facteur qui apporte les lettres à la maison.
7. Vous achetez des oignons chez le marchand de légumes.
8. Avec l'hôtesse de l'air nous montons dans l'avion.
9. Nous allons chez le pharmacien et nous achetons des médicaments.

B

Quels métiers sont représentés ici?

   C'est le professeur.

   C'est . . . .      . . . .

   . . . .      . . . .

   . . . .      . . . .

   . . . .

C

Here, people are not doing their usual jobs. Describe what they *are* doing.

For example:

L'hôtesse de l'air répare la voiture.

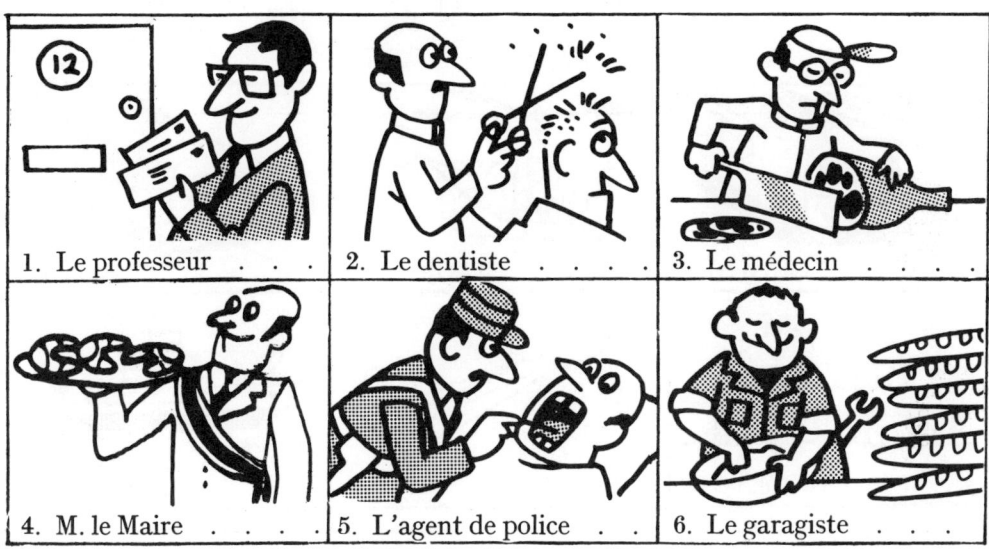

1. Le professeur . . .
2. Le dentiste . . . .
3. Le médecin . . .
4. M. le Maire . . .
5. L'agent de police . .
6. Le garagiste . . .

D

1. Make up your own sentences about people and what they do, using each of these words and phrases:

    a) regarde; coupe; travaille; apporte;
    b) vous achetez; vous montez;
    c) nous achetons; nous allons;
    d) chez.

2. Give the names of any people you know who do the jobs mentioned in Units 21 and 22.

    For example: Le facteur s'appelle Monsieur Francis.

Unit 23   Le transport

A

J'arrive . . . . en voiture.

B

Complétez: (Use what you think is the most likely means of transport)

1. Vous allez à l'école . . . . (à pied, en bateau, en avion).
2. Vous sortez de la maison . . . . (en métro, à pied, à cheval).
3. Papa arrive à la maison . . . . (en avion, en hélicoptère, en métro).
4. M. le Maire va en Amérique . . . . (en train, en avion, à bicyclette).
5. Maman va au théâtre . . . . (en bateau, en aéroglisseur, en métro).
6. Je vais au garage . . . . (à cheval, en train, en voiture).
7. Nous traversons la rue . . . . (en hélicoptère, à pied, en bateau).
8. Les passagers arrivent à l'aéroport . . . (en avion, à bicyclette, à cheval).
9. Les garçons vont au cinéma . . . . (en bateau, à pied, en aéroglisseur).

C   *en, à*

Complétez :

> For example: Les jeunes filles vont au théâtre en métro et le garçon va en métro aussi.

1. Je vais au garage en voiture et le boucher . . . .
2. Nous allons à la banque en taxi et l'agent de police . . . .
3. Les enfants vont à l'école en métro et maman . . . .
4. Le professeur va à la librairie à bicyclette et les élèves . . . .
5. Les garçons vont au café à pied et les jeunes filles . . . .
6. Vous allez au cinéma en taxi et je . . . .
7. Le médecin va à l'hôpital en hélicoptère et nous . . . .
8. Le boucher va à la boucherie en train et vous . . . .
9. Je vais en France en avion et les hôtesses de l'air . . . .
10. Les messieurs vont chez le coiffeur en voiture et les dames . . . .

D

1. Give examples of how you travel, starting :

    Je vais aux magasins . . . .

2. Describe the usual means of transport used by people you know. (Use also: en autobus, en taxi, en motocyclette, en camion).

    > For example: L'hôtesse de l'air s'appelle Paulette ; elle va à l'aéroport en taxi.

3. What can you find out about the Paris Métro?

unit 24 — A la gare

A

B

Répondez :

1. Quelle heure est-il?
2. Combien de trains y a-t-il en gare?
3. Le porteur est sur quel quai?
4. Le monsieur monte dans quel wagon?
5. Qui pousse le chariot?
6. Est-ce qu'il y a des bagages sur le chariot?
7. Qu'est-ce que vous achetez à la librairie?
8. Qu'est-ce que vous achetez au guichet?
9. Est-ce que les voyageurs portent des affaires dans une valise ou dans un wagon?

C   *pour* . . . . *il faut* . . . .

Match these phrases to make complete sentences.

> For example: a) Pour voyager à Paris, *il faut* prendre le train.
>   b) Pour acheter un magazine, *il faut* de l'argent.

Pour voyager,		une valise.
Pour acheter un billet,		fermer les portières.
Pour porter des vêtements,		acheter un billet.
Pour porter des bagages,	il faut	un chariot.
Pour partir à l'heure,		un journal ou un magazine.
Pour manger dans le train,		aller au guichet.
Pour lire,		regarder par les fenêtres.
Pour voir la France,		trouver le wagon-restaurant.

D

1. Write your own description of the picture in section A.

2. Make up more sentences using *il faut*. (You could use other means of transport, for example, from Unit 23.)

3. Find out what S.N.C.F. stands for. What is a *couchette?*

unit 25 A l'aéroport

A

1. Départ: contrôle des passeports.

   L'agent de police dit: "Montrez-moi les passeports, s'il vous plaît."

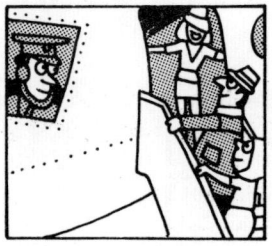

2. En avion.

   Le pilote regarde les passagers qui montent par l'escalier pour entrer dans la cabine de l'avion.

3. Arrivée: la Douane.

   Au magasin de l'aéroport, les passagers achètent des bonbons, des montres, du parfum ou des appareils de photo. Il faut déclarer les montres, le parfum et les appareils de photo à la Douane.

B

Répondez:

1. a) Qui regarde les passeports?
   b) Qu'est-ce qu'il dit?

2. a) Que fait le pilote?
   b) Qui monte par l'escalier?

3. a) Où achetez-vous du parfum?
   b) Qu'est-ce qu'il faut déclarer à la Douane?

C

Rewrite this text. In the first paragraph, change the words in italic; in the second, you decide what to change.

C'est l'heure du départ. Quand les portes de l'avion sont fermées, l'hôtesse de l'air apporte *des bonbons* pour tous les passagers. Le pilote parle à la radio. Il dit: "Bonjour, mesdames, bonjour messieurs. Il est *huit heures seize*. Nous partons dans *trois minutes* et nous arrivons à l'aéroport de *Nice* à *dix heures moins le quart*. Attachez vos ceintures, s'il vous plaît."

Maintenant, il est neuf heures et l'avion traverse la France. C'est l'heure du petit déjeuner. Il y a du café et des croissants, et du jus de fruit pour les enfants. Quelques passagers ne boivent pas le café; ils demandent du thé.

D

1. Complete the following sentences by suggesting what each of these people might say:
    a) L'hôtesse de l'air parle; elle dit:
    b) Le pilote parle; il dit:
    c) Le passager parle; il dit:
    d) L'agent de police parle; il dit:
    e) Le porteur parle; il dit:

2. Fill in the details of an air journey you have made, or would like to make.
    Départ: Aéroport de   . . . .
    Nom du passager   . . . .
    Transport à l'aéroport   . . . .
    Numéro du vol   . . . .
    Type d'avion   . . . .
    L'heure du départ   . . . .

    Nourriture dans l'avion:

    Destination: Aéroport de   . . .
    L'heure d'arrivée   . . . .
    Transport à l'hôtel   . . . .
    Nom de l'hôtel   . . . .

    Retour:

unit 26 A la mer

A

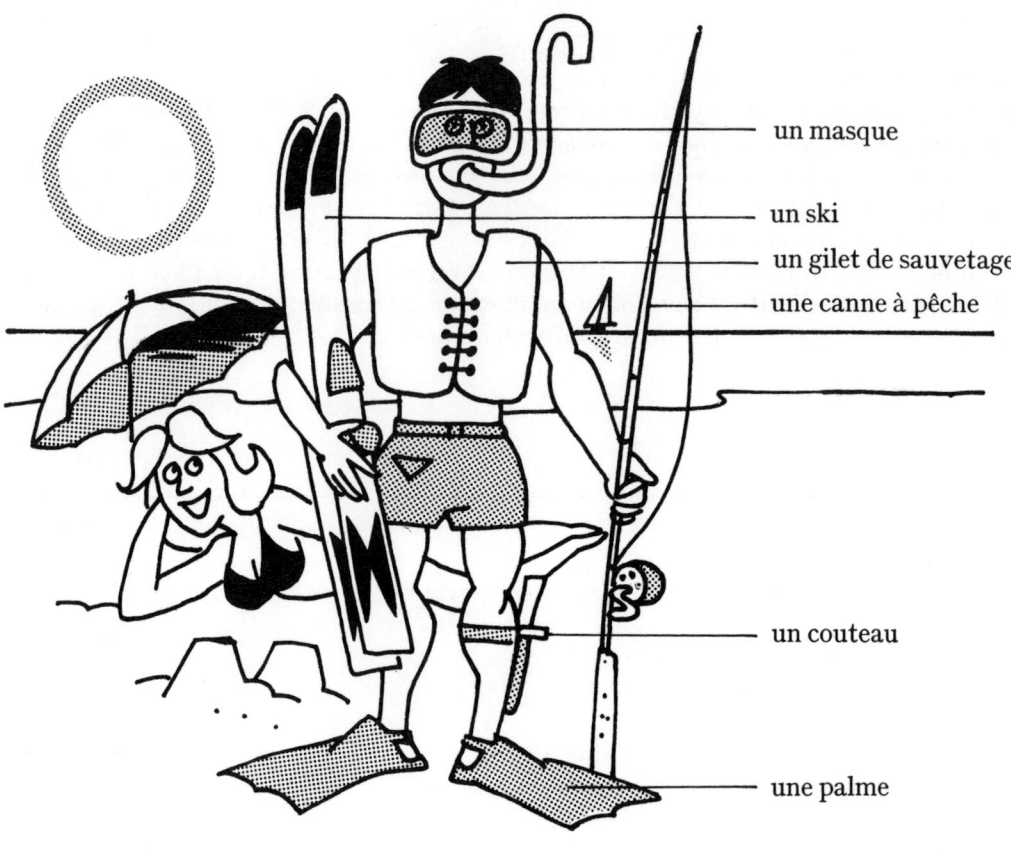

- un masque
- un ski
- un gilet de sauvetage
- une canne à pêche
- un couteau
- une palme

B

Complétez:

1. Vous regardez les poissons sous la mer avec . . . .
2. Le pêcheur coupe le poisson avec . . . .
3. Pour la pêche à la ligne, il faut . . . .
4. Pour faire du ski nautique, il faut . . . .
5. Pour nager vite, je porte . . . .
6. Quand je vais dans un bateau à voiles, je porte . . . .
7. Le garçon dit: "Je veux aller à la mer pour . . . .
8. La jeune fille dit: "Je veux regarder . . . .

C

Re-arrange these phrases to make complete sentences:

1. avec le canne à pêche / un grand poisson / j'attrape.
2. un bateau à moteur / derrière / je vais vite.
3. à la plage / quand il fait beau / je vais.
4. à la mer / je vais nager / quand il ne fait pas froid.
5. et elle attrape un poisson / la jeune fille plonge / sous l'eau.
6. pour nager / des palmes / sous l'eau / je veux porter.
7. dans un bateau à moteur / nous allons / le bateau à voiles / parce que / ne va pas vite.
8. des palmes / il faut / pour faire / et un masque / la pêche sous-marine.

D

1. Imagine yourself in any of these situations and describe what is happening.

2. What do you know about Jacques Cousteau?

unit 27 — A la campagne

A

M. Pangloss, le fermier

Candide, le cochon

Giroflée, la vache

Cacambo, l'âne

Cunégonde, le canard

Palestrine, le poulet

Voici les habitants de la campagne. Quand il fait beau, les animaux vont dans les champs et les vaches mangent de l'herbe. En hiver, quand il fait très froid, le fermier donne à manger aux animaux.

Tous les fermiers de la campagne ont des animaux mais Monsieur Pangloss en a beaucoup.

B

Répondez:

1. Comment s'appelle le poulet?
2. Comment s'appelle l'âne?
3. Où vont les animaux quand il fait beau?
4. Qu'est-ce que les vaches mangent?
5. Quand est-ce qu'il fait très froid?
6. Qui donne à manger aux animaux?
7. Qui a beaucoup d'animaux?

C   *ne . . . . pas; ne . . . . rien*

Complétez:

    For example: Quand il n'y a pas d'herbe, Giroflée ne mange rien.

1. Quand il n'y a pas de nourriture, je ne . . . .
2. Quand il n'y a pas de vin, le fermier ne . . . .
3. Quand il n'y a pas d'argent, vous n' . . . .
4. Quand il n'y a pas de film à la télévision, papa ne . . . .
5. Quand il n'y a pas de bonne musique à la radio, les enfants n' . . . .
6. Quand maman ne trouve pas le couteau, elle ne . . . .
7. Quand Monsieur Pangloss va à la pêche, il n' . . . .
8. Quand il y a un porteur, M. le Maire ne . . . .

    (attrape, boit, coupe, mange, achetez, écoutent, regarde, porte).

D

1. Draw and describe a pet or animal you know.

2. Say what you think the animals in section A might like to eat.
    For example: Candide dit: "Moi, j'aime les carottes."

unit 28 Dans la montagne

A

L'Hôtel du Pic est ouvert en été et en hiver. En été, quand il fait chaud, les gens font des promenades. Ils montent à pied de la vallée et arrivent sur les pics pour regarder le beau panorama des montagnes.

En hiver, il fait très froid et il y a beaucoup de neige. Les skieurs montent en téléski et descendent très vite à l'hôtel pour arriver à l'heure du déjeuner.

B

Write the opposite in meaning to these sentences.

    For example :   C'est l'été./C'est l'hiver.

1. L'hôtel est fermé.
2. Il fait chaud.
3. Les skieurs montent.
4. Il n'y a pas de neige.
5. Il ne fait pas beau.
6. Ce n'est pas l'heure du déjeuner.
7. La voiture est derrière l'hôtel.

C
en été; en hiver

Répondez:

1. Quel temps fait-il en été?
2. Quand est-ce qu'il fait froid?
3. Les skieurs font du ski en été ou en hiver?
4. Comment est-ce que les skieurs montent sur la montagne?
5. De quelle couleur est la neige?
6. L'Hôtel du Pic est à la campagne ou dans la montagne?
7. C'est un hôtel anglais ou français?
8. Vous aimez la montagne en été ou en hiver?

D

1. Can you add any details to the description of the picture in section A?

2. Make up as many sentences as you can from three phrases stating: who/where/when.

    For example: Roland va / à la montagne / en été.

3. Find out the names of all four seasons.

4. What would you say are the most popular sports in France?

Unit 29 — La ville de Paris

A

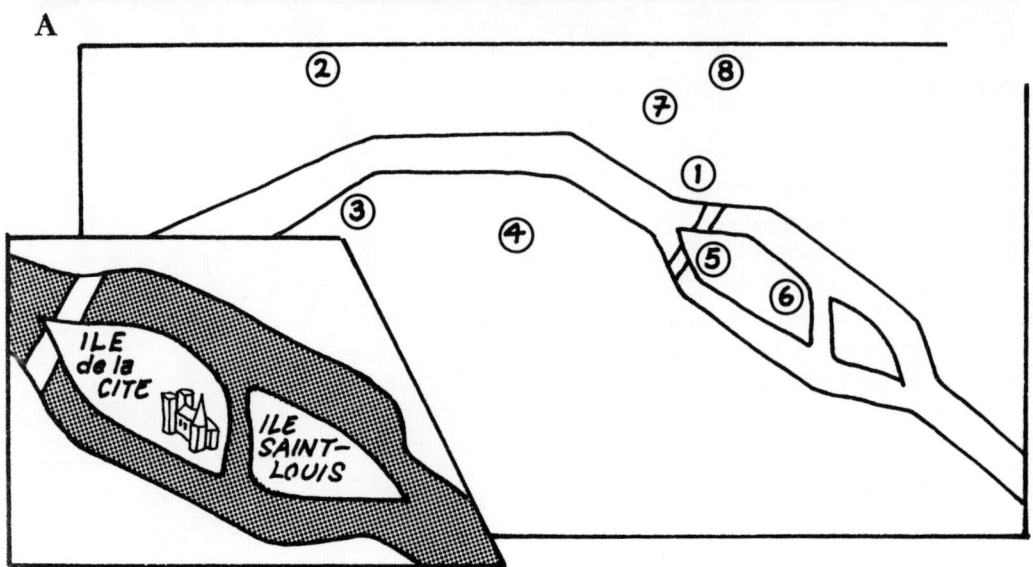

1) Le Musée du Louvre.
2) La Place Charles de Gaulle.
3) La Tour Eiffel.
4) Hôtel des Invalides.
5) La Sainte-Chapelle.
6) La Cathédrale de Notre-Dame.
7) Le Théâtre de l'Opéra.
8) Le Sacré-Cœur.

Dans la Seine, au centre de Paris, il y a deux îles; elles s'appellent l'île de la Cité et l'île Saint-Louis. Vous traversez la Seine par le Pont Neuf et vous allez à pied sur les quais pour voir la Cathédrale de Notre-Dame.

B

Complétez :

1. La Tour Eiffel est . . . . (un musée, un monument, une banque).
2. Le Louvre est . . . . (un musée, une tour, une église).
3. Notre-Dame est . . . . (une montagne, un théâtre, une cathédrale).
4. L'Opéra est . . . . (une chapelle, un aéroport, un théâtre).
5. Le Sacré-Cœur est . . . . (une église, un cinéma, un pont).
6. La Sainte-Chapelle est . . . . (une île, une place, une église).

C

Répondez:

1. Ou sont les îles de Paris?
2. Combien d'îles y a-t-il?
3. Comment s'appellent les îles?
4. Comment traversez-vous la Seine?
5. Qu'est-ce que vous allez voir sur l'île de la Cité?
6. Sur quelle île y a-t-il une chapelle?

D

1. Draw a plan of Paris with its main places of interest. Add any other places that you know of or have visited.

2. Find out where La Sorbonne, Cluny and Le Musée Carnavalet are in Paris. What are they?

3. Write (in English) a description of any one of the places you have put on your plan of Paris.

Unit 30 Révision

Complétez:

 Voici des cochons; il y en a deux.

 Voici des canards; il y en a . . . .

 Voici des poissons; . . . .

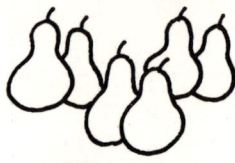 Voici des . . . .

 Voici . . . .

 . . . .

---

1. List five things you would like to eat.

2. List five objects you can see now.

3. List five things you see on the way to school.

4. Find at least one word to show the use of each of these accents:

   ´ ` ¸ ^

Write what you can about these pictures.

Vocabulary

acheter, to buy
l' **aéroglisseur** *m*, hovercraft
l' **aéroport** *m*, airport
les **affaires** *f*, things; belongings
l' **agent de police** *m*, policeman
aimer, to like, love
aller, to go
l' **âne** *m*, donkey
anglais, English
l' **animal** *m*, animal
l' **appareil de photo** *m*, camera
s' *appeler*, to be called
apporter, to bring
l' **arbre** *m*, tree
l' **argent** *m*, money
l' **arrivée** *f*, arrival
arriver, to arrive
attacher, to fasten
attendre, to wait for
attraper, to catch
aussi, also
l' **autobus** *m*, bus
avec, with
l' **avion** *m*, plane

les **bagages** *m*, luggage
la **banane**, banana
la **banque**, bank
le **bateau**, boat
beau, (belle), beautiful, fine
beaucoup, much, many
la **bibliothèque**, library
la **bicyclette**, bicycle
le **billet**, ticket
blanc(he), white
bleu, blue
boire, to drink
bon(ne), good
le **bonbon**, sweet
bonjour, good morning, good day
le **boucher**, butcher
la **boucherie**, butcher's shop
le **boulanger**, baker
la **boulangerie**, baker's shop
la **boutique**, shop
brun, brown

la **cabine**, cabin
le **café**, coffee; café
le **cahier**, exercise book
le **camion**, lorry
la **campagne**, country(side)
le **canard**, duck
la **canne à pêche**, fishing-rod
la **carotte**, carrot
le **cartable**, satchel
la **cathédrale**, cathedral
la **ceinture**, belt
le **centre**, centre
la **chaise**, chair
le **champ**, field

le **champignon**, mushroom
chanter, to sing
le **chapeau**, hat
la **chapelle**, chapel
le **chariot**, trolley
le **chat**, cat
chaud, warm, hot
le **chauffeur**, driver
la **chaussette**, sock
la **chaussure**, shoe
la **chemise**, shirt
le **cheval**, horse
les **cheveux** *m*, hair
la **chèvre**, goat
chez, at someone's house, shop
le **chien**, dog
le **chocolat**, chocolate
le **cinéma**, cinema
le **citron**, lemon
la **clef**, key
le **clown**, clown
le **cochon**, pig
le **coiffeur**, hairdresser
combien, how much, how many
comment, how
compléter, to complete, finish
le **contrôle**, control
la **couleur**, colour
couper, to cut
courir, to run
le **couteau**, knife
la **cravate**, tie
le **crayon**, pencil
le **croissant**, croissant (pastry roll)
la **cuisine**, kitchen

la **dame**, lady
dans, in
déclarer, to declare
le **déjeuner**, lunch
demander, to ask (for)
demi, half
la **dent**, tooth
le **dentiste**, dentist
le **départ**, departure
derrière, behind
descendre, to descend
la **destination**, destination
devant, in front (of)
dire, to say
donner, to give
la **douane**, customs

l' **eau** *f*, water
l' **école** *f*, school
écouter, to listen (to)
l' **éléphant** *m*, elephant
l' **élève** *m & f*, pupil
l' **enfant** *m & f*, child
énorme, enormous
entrer, to enter
l' **épicerie** *f*, grocer's shop

l' **escalier** *m*, stairs
l' **escargot** *m*, snail
l' **essence** *f*, petrol
l' **été** *m*, summer
être, to be

le **facteur**, postman
faire, to do; make
la **famille**, family
il **faut**, it is necessary (to)
le **fauteuil**, armchair
la **fenêtre**, window
fermer, to close
le **fermier**, farmer
le **feu**, fire; traffic light
le **film**, film
la **fleur**, flower
français, French
froid, cold
le **fromage**, cheese
le **fruit**, fruit

le **gant**, glove
le **garage**, garage
le **garagiste**, garage manager, mechanic
le **garçon**, boy
le **garçon de café**, waiter
la **gare**, station
le **gâteau**, cake
les **gens** *m*, people
le **gilet de sauvetage**, life-jacket
la **glace**, ice-cream
grand, big
le **guichet**, ticket office

l' **habitant** *m*, inhabitant
l' **hélicoptère** *m*, helicopter
l' **herbe** *f*, grass
l' **heure** *f*, hour; time
l' **hiver** *m*, winter
l' **hôpital** *m*, hospital
l' **hôtel** *m*, hotel
l' **hôtesse de l'air** *f*, air hostess

l' **île** *f*, island

jaune, yellow
la **jeune fille**, girl
le **journal**, newspaper
la **jupe**, skirt
le **jus de fruit**, fruit juice

la **lampe**, lamp
le **lapin**, rabbit
le **légume**, vegetable
la **lettre**, letter
la **librairie**, bookshop
la **ligne**, line
lire, to read
le **lit**, bed
le **livre**, book

madame, madam, Mrs
le **magasin**, shop
le **magazine**, magazine
le **magnétophone**, tape-recorder
maintenant, now
le **Maire**, mayor
la **Mairie**, town hall
mais, but
la **maison**, house
maman, mother, mum
manger, to eat
le **marchand**, seller, shopkeeper
le **marché**, market
marcher, to walk
le **masque**, mask
le **médecin**, doctor
le **médicament**, medicine
le **menu**, menu
la **mer**, sea
merci, thank you
le **métier**, job
le **métro**, Underground (railway)
midi, midday
minuit, midnight
moi, me, I
moins, less
le **monsieur**, gentleman, Mr
la **montagne**, mountain
monter, to climb
la **montre**, wrist-watch
montrer, to show
le **moteur**, motor
la **motocyclette**, motor-bike
le **musée**, museum
la **musique**, music

nager, to swim
la **neige**, snow
noir, black
le **nom**, name
nommer, to name
la **nourriture**, food
le **numéro**, number

l' **œuf** *m*, egg
l' **oignon** *m*, onion
l' **oiseau** *m*, bird
l' **orange** *f*, orange
où, where
ouvert, open

le **pain**, bread
la **palme**, flipper
le **panorama**, panorama
le **pantalon**, trousers
papa, father, dad
par, by
parce que, because
le **parfum**, perfume
parler, to speak, talk
partir, to leave

le **passager,** passenger
le **passeport,** passport
passer, to pass
la **pâtisserie,** cake-shop; cake
la **pêche,** fishing; peach
petit, small
le **petit déjeuner,** breakfast
la **pharmacie,** chemist's shop
le **pharmacien,** chemist
le **pic,** peak
le **pied,** foot
le **pilote,** pilot
le **placard,** cupboard
la **place,** place; square
la **plage,** beach
la **plante,** plant
plonger, to dive
la **poire,** pear
le **poisson,** fish
la **pomme,** apple
la **pomme de terre,** potato
le **pont,** bridge
la **porte,** door
porter, to carry; to wear
le **porteur,** porter
la **portière,** car door; train door
la **poste,** post office
le **poulet,** chicken
pour, for, in order to
pousser, to push
prendre, to take
le **professeur,** teacher
le **projecteur,** projector
la **promenade,** walk, stroll
le **pullover,** pullover

le **quai,** platform
quand, when
le **quart,** quarter
quel(le), which
quelques, some
la **queue,** queue; tail
qui, who

la **radio,** radio
regarder, to look (at)
la **règle,** ruler
réparer, to repair
répondre, to answer
représenter, to represent
le **restaurant,** restaurant
le **retour,** return
le **réveil,** alarm clock
rien, nothing
rouge, red
la **rue,** street

la **salade,** salad
la **salle à manger,** dining-room
la **salle de bain,** bathroom
la **salle de classe,** classroom
la **salle de séjour,** living-room
le **serpent,** snake
le **ski nautique,** water-skiing
le **skieur,** skier
sortir, to go out
la **soupe,** soup
sous, under
sous-marin, underwater
le **stylo,** pen
le **supermarché,** supermarket
sur, on

la **table,** table
le **tableau,** blackboard
la **tarte,** tart, flan
le **taxi,** taxi
le **téléphone,** telephone
le **téléski,** ski-lift
la **télévision,** television
la **tête,** head
le **thé,** tea
le **théâtre,** theatre
le **timbre,** stamp
la **tomate,** tomato
la **tortue,** tortoise
la **tour,** tower
tout, all
le **train,** train
le **transistor,** transistor radio
le **transport,** transport
travailler, to work
traverser, to cross
très, very
le **trottoir,** pavement
trouver, to find
le **type,** type, kind

l' **uniforme,** *m*, uniform

la **vache,** cow
la **valise,** suitcase
la **vallée,** valley
vert, green
la **veste,** jacket
le **vêtement,** article of clothing
la **viande,** meat
la **ville,** town
le **vin,** wine
vite, fast
voici, here is (are)
la **voile,** sail
voir, to see
la **voiture,** car
le **vol,** flight
vouloir, to want
voyager, to travel
le **voyageur,** traveller

le **wagon,** carriage
les **W.C.** *m*, lavatory